L'A-PROPOS ALSACIEN,

OU

VENTRE-SAINT-GRIS

QUEL BEAU JOUR POUR LA FRANCE!

OPÉRA-VAUDEVILLE EN UN ACTE.

DÉDIÉ

A M. le Comte RAPP, Pair de France, Lieutenant-général des armées du Roi, premier Chambellan de Sa Majesté, Grand-cordon de la Légion-d'Honneur et décoré de plusieurs ordres étrangers.

Dédicace.

R APP a d'un vrai Français le noble caractère,
A lsacien fidéle, il est brave et sincère;
P our son Roi, son pays, le beau sexe et l'honneur,
P ersonne n'eut jamais plus de zéle et d'ardeur.

L'A-PROPOS
ALSACIEN,

OU

VENTRE-SAINT-GRIS

QUEL BEAU JOUR POUR LA FRANCE!

OPÉRA-VAUDEVILLE EN UN ACTE,

Mêlé de danses, et orné d'un transparent allégorique analogue à la célébration de l'auguste baptême de S. A. R. Mgr. HENRI-DIEUDONNÉ, Duc de Bordeaux.

Par ANTOINE, Artiste-lyrique,

Et P. BROULARD, Militaire en retraite à Colmar.

SE TROUVE A COLMAR,
Chez l'un des Auteurs, rue St.-Nicolas, n.° 12,
et chez les Libraires du département du Haut-Rhin.

1821.

PERSONNAGES.

M. le Chevalier GUTHMANN, ancier officier supérieur retraité, Maire de Horbourg, père de Caroline.

CAROLINE, fiancée à Charles St.-Hilaire.

CHARLES St.-HILAIRE, Capitaine décoré, amant et cousin de Caroline.

HENRIETTE, fille de Bonnefoi, fiancée à Henri la Valeur.

HENRI LA VALEUR, Sergent, amant d'Henriette.

LOUISE, orpheline vertueuse, élevée chez M. Guthmann, dotée comme Rosière du canton, et fiancée au brave Louis le Franc.

LOUIS LE FRANC, Militaire retraité, décoré, et amant de Louise.

M. BONNEFOI, Magister du village, bel esprit, bon Français, père d'Henriette.

BERNARD LE ROUX, filleul du Magister, (niais).

Paysans, paysannes, soldats, musiciens, un tambour, etc.

La scène se passe dans un riche village, situé près de Colmar, à la chute du jour assigné pour célébrer la fête du baptême de l'Enfant chéri des Français.

NOTA. Une ouverture mélodieuse, dans laquelle on entendra successivement les airs toujours chers à la France, de *vive Henri IV et tous ses descendans*; *Charmante Gabrielle*, *Où peut-on être mieux*, *etc.*; doit indiquer aux spectateurs le motif de cette petite pièce, et le disposer au plaisir que son objet doit inspirer aux francs Alsaciens.

L'A-PROPOS ALSACIEN,

OU

VENTRE-SAINT-GRIS

QUEL BEAU JOUR POUR LA FRANCE!

OPÉRA-VAUDEVILLE EN UN ACTE.

Le théâtre représente l'intérieur de la salle communale du village, que ses habitans s'occupent de préparer et d'arranger pour y célébrer la fête ordonnée par S. M., à l'occasion du baptême de S. A. R., dont elle veut que son peuple garde à jamais la pieuse mémoire. Dans le fond, à droite, est placé le buste de ce digne Monarque, un peu en avant de l'emplacement que doit occuper le transparent; à gauche est dressé un buffet champêtre chargé de rafraîchissemens divers; tout est en mouvement au levé du rideau.

SCÈNE PREMIÈRE.

HENRIETTE, BERNARD LE ROUX *et les villageois apportent et placent des fleurs, des guirlandes, des banderoles blanches et des devises pour orner cette salle. Ils chantent tous en travaillant.*

CHŒUR GÉNÉRAL INTRODUCTIF.

DÉCORONS ces salons ;
Allons, amis, zèle et courage!

A tous les Bourbons
Offrons notre hommage.
Décorons ces salons,
Pour y célébrer votre union.
Quel beau mariage!
Que tout le canton
Chante à l'unisson.
Votre mariage.

Les villageois s'occupent à placer, dans le fond de la scène, les divers objets nécessaires à la décoration de la salle.

SCÈNE II.

BERNARD, HENRIETTE.

BERNARD, *amenant Henriette sur l'avant-scène.*

— Eh! bien, Mam'selle Henriette, j'espère que vous d'vez être contente de moi; je m'donne assez d'mal : j'veux dans cette circonstance faire voir de quoi je suis capable. D'abord, comment m'trouvez-vous?

HENRIETTE.

Très-bien!

BERNARD.

Dame! le jour d'une fête, et la veille de nos noces.

HENRIETTE, (*finement*)

Monsieur se marie? Est-elle jolie ta prétendue?

BERNARD.

Comme vous, et c'nest pas mentir.

HENRIETTE.

Son nom?

BERNARD.

Vous le savez ben.

HENRIETTE.

Moi?

BERNARD.

Pardine! vous ne savez plus comment vous vous appelez.

HENRIETTE.

Eh! bien?

BERNARD.

Eh ben! c'est mam'selle Henriette que j'épouse.

HENRIETTE.

Mais qui donc a pu te faire croire que j'avais de l'amitié pour toi?

BERNARD.

Les taloches que vous me donnez journellement, et je peux dire que c'est d'l'amour ben tapé.

HENRIETTE.

J'aimerais mieux rester fille toute ma vie, que d'épouser un imbécille comme toi.

BERNARD.

Pas d'insolence; songez que je suis filleul de mon parrain, M.r le Magister; c'est lui qui a de l'esprit :

il saura vous faire entendre raison. Ecoutez-moi tant seulement deux minutes, c'est un petit compliment, en manière de déclaration; je gage que ça vous attendrira.

Air : *Avec vous sous le même toit.*

Ecoutez mes comparaisons,
Non, ce n'est pas une imposture :
D'la rose vous avez deux boutons
Que vous devez à la nature.
Une femme, on n'peut le nier,
Est une fleur qui nous enchante,
Et l'homme n'est qu'un jardinier,
Qui prend ben soin de cette plante.

Henriette, *avec dédain.*

Je ne te donnerai pas cette peine là, car tu ne seras jamais mon mari : ton parrain, mon respectable père, m'a assuré que le jour tant souhaité de la fête du baptême de *Henri-Dieudonné*, fils de France, j'épouserai mon cher Henri, surnommé la Valeur, c'est aujourd'hui qu'elle a lieu, c'est aujourd'hui qu'il arrive, et c'est aujourd'hui que la noce se fera.

Bernard.

Ta, ta, ta, ta, comme vous arrangez ça.

Henriette.

Et Mademoiselle Caroline sera également unie à son cousin M.r Charles Saint-Hilaire.

Bernard, *étonné.*

Le Capitaine!

HENRIETTE.

Il arrive ce soir.

BERNARD, *à part.*

Heureusement que Mam'selle Louise me restera, si le brave Louis le Franc ne revient pas aussi; de trois j'en aurai peut-être une. (*Haut*). Mais achevons notre ouvrage, travaillez, vous autres et dépêchez-vous! — Ce buffet est mal arrangé: plus d'adresse donc.

Tout le monde continue d'achever d'orner la salle. Le chœur reprend en travaillant la finale du chant introductif.

Décorons ces salons,
Allons, amis, zèle et courage, etc.

SCÈNE III.

Les précedens, M. BONNEFOI, *magister du village.*

LE MAGISTER.

Courage, mes amis! Hâtez-vous, car M. le Maire ne tardera pas à paraître, et à donner le signal tant désiré de cette fête religieuse, où la France attendrie et reconnaissante, célèbre universellement le don précieux que lui a fait l'Eternel, d'un nouvel *Henri-Dieudonné*, justement nommé par tous les souverains de la terre, fils de l'Europe, et né pour assurer son repos.

HENRIETTE.

Encore un Français de plus, que nous chérirons comme nous-mêmes, et dont la noble et sensible mère formera l'heureux caractère!

LE MAGISTER, *aux villageois.*

Mais tout est-il achevé; (*il examine de droite et de gauche la scène.*) Bien! il n'y a plus qu'à attendre l'arrivée de nos braves pour commencer l'auguste cérémonie, qui assurera, par les nœuds les plus doux, la triple félicité de nos enfans et de nos généreux défenseurs; car ce grand jour est aussi consacré à cette fête de famille. (*Il embrasse sa fille*).

BERNARD.

Nous chanterons, nous danserons, n'est-ce pas, mon parrain?

LE MAGISTER.

Oui, mes amis, de la joie, et beaucoup de joie.

AIR *de Claudine.*

Amis, dans ce jour de fête,
Chantons de joyeux couplets;
Que rien ne vous inquiète,
Ils seront toujours bien faits.
Chacun de vous, ce n'est pas un crime,
N'est pas, un grand érudit,
Mais quand c'est le cœur qui s'exprime,
A-t-on besoin de son esprit?

BERNARD.

Peut-être cess'rai-je enfin d'rester garçon.

HENRIETTE, *en riant.*

Ah! ah! ah!

LE MAGISTER, *avec sentiment.*

Eh! bien, ma chère fille, il approche cet instant fortuné, si vivement attendu par ton fidèle *Henri*, et qui cimentera votre bonheur mutuel, dans ce jour choisi par notre digne Monarque pour sanctifier à jamais l'heureuse naissance de ce filleul bien-aimé, dont il a voulu que sa fidèle armée soit la maraine; bien certain qu'en le confiant à sa loyauté, à son dévouement et à sa bravoure, elle répondrait avec honneur au noble choix et à la juste confiance de son Roi, en affermissant à jamais par son zèle et son attachement inviolable, la glorieuse et longue carrière de ce fils de la France, que le ciel a fait naître pour effacer nos maux, et qu'il couvre de sa céleste égide!

HENRIETTE, *avec ame.*

AIR *du Petit Matelot.*

Puisse sa noble destinée,
Au gré de notre amour,
Etre sans cesse fortunée....
Le Ciel la bénit en ce jour; (*bis.*)
J'en conçois un heureux présage;
Nos cœurs et nos vœux confondus,
Se disputeront d'âge en âge,
A qui le chérira le plus! (*bis.*)

BERNARD,

Moi, pour ma part, jé jure de l'aimer comme j'aimerai mes petits enfans. (*Aux villageois, qui achèvent de décorer la salle*). Avez-vous fini, vous autres?

LE MAGISTER.

Qui t'a permis de commander ainsi?

BERNARD.

C'est par procuration.

(*On entend les pas accélérés de plusieurs personnes qui se hâtent d'arriver.*)

(*Henriette et Bernard courent au-devant d'elles par le côté droit.*)

LE MAGISTER.

Mais quel bruit entends-je : serait-ce déjà l'arrivée du capitaine Charles Saint-Hilaire, (*il regarde du côté droit*) et de ses valeureux compagnons?

HENRIETTE, *accourant.*

Mon père, mon père, c'est Henri!

BERNARD, *arrivant tout essouflé.*

Et son camarade Louis le Franc!

SCÈNE IV.

Les précédens, LOUIS LE FRANC, *une couronne de lauriers à la main*, *et* HENRI LA VALEUR, *apportant un drapeau*, *paraissent couverts de sueur*, *et se jettent dans les bras du* MAGISTER, *après avoir embrassé tous les deux* HENRIETTE, *et serré la main de* BERNARD.

HENRI, *avec émotion.*

Je vous revois enfin, belle et fidèle amie, et vous aussi, mes chers et bons compatriotes, embrassons-nous! (*Après les avoir embrassés, il remet son drapeau à Louis.*) Je te remets ce dépôt précieux.

LOUIS, *le recevant avec fierté.*

Je te jure qu'il est entre bonnes mains.

AIR *du Vaudeville de la partie carrée.*

En ton ami place ta confiance;
Compte, *Henri*, sur son cœur et son bras;
Dépôt, secret, la moindre confidence,
Jamais, jamais, tu ne les trahiras.
Et ce drapeau, qu'un brave camarade
Sait me remettre, et sans rien hasarder,
Oui, j'en réponds, le prenant sous ma garde,
Il sera bien gardé,
Il sera bien gardé.

(*Tous les acteurs répètent en chœur.*)

Ce qu'un Français veut prendre sous sa garde,
Sera toujours bien gardé.

HENRI, *s'adressant aux habitans d'Horbourg.*

Mes amis, conservez toujours cette bannière; elle est sans tache, elle a fait le bonheur de vos pères, elle fera aussi le vôtre.

(*Louis pose le drapeau au-dessus du buste, et dépose aussi sa couronne sur la tête du Roi.*)

LE MAGISTER, *mettant la main de sa fille Henriette dans celle de Henri la Valeur.*

Henri, deviens mon gendre, et sois fidèle à ta femme, comme tu l'es à l'honneur, et l'on n'aura jamais de reproches à te faire. (*Il embrasse ses enfans.*)

HENRI, *après avoir embrassé sa future et son ami.*

Je vous le jure, mon père.

LOUIS *les embrasse aussi.*

Te voilà enrôlé dans le régiment de l'hymen; tâche de bien faire ton service.

LE MAGISTER, *à Louis.*

Quant à vous, mon cher Louis, nous n'attendons que la présence de M.r le Chevalier Guthmann, notre respectable Maire, pour célébrer votre mariage avec l'aimable Louise, qui a été désignée comme la plus vertueuse et la plus digne de faire le bonheur d'un brave, et qui a été de plus nommée Rosière de ce canton; ayant été décidé que vos noces, celles de ma fille, ainsi que celles de M.elle Caroline, serviront d'introduction à notre triple fête.

LOUIS, *transporté de plaisir.*

AIR : *Voyage, voyage, désormais qui voudra.*

Enfin, après de longues guerres,
Vivons en paix dans nos foyers,
Nous pourrons tous dans nos chaumières,
Nous reposer sur nos lauriers.
La victoire a des charmes :
Mais, hélas! que de larmes
Et de cuisants regrets
Pour un succès !
Amis, d'avance
J'ai l'assurance
Que j'n'aurons plus de guerre désormais.
Oui, je le promets,
Si dans ses excès
Pour ses intérêts,
L'ennemi jamais
Venait rompre la paix,
Ah, dame! ah, dame!
J'serions toujours Français. (*bis*).

LE MAGISTER.

Mais vous devez avoir besoin de vous rafraîchir. Un verre de vin, Henriette!

HENRI.

Ma foi, ce n'est pas de refus.

LE MAGISTER.

J'ai ici quelques vieilles bouteilles de vin de Bordeaux, vous m'en direz des nouvelles.

LOUIS.

Eh! bien! buvons un coup à la santé de la famille royale.

LE MAGISTER, *en trinquant.*

Il a raison : venez, mes amis.

AIR : *Ton, tontaine, ton, ton, etc.*

Bannissons la mélancolie,
Nargue de la froide raison,
  Ton, ton, ton, ton,
  Ton, taine, ton, ton.
Prenons pour guide la folie,
Et pour refrain, vive Bourbon.
Ton, ton, tontaine, ton, ton.

LOUIS, *après avoir de nouveau rempli les verres.*

Amis, peut-on prendre un ton grave
Devant un bachique flacon?
  Ton, ton, ton, ton,
  Tontaine, ton, ton.
Non, ce n'est jamais à la cave
Où l'on va puiser la raison.
Ton, ton, tontaine, ton, ton.

HENRI, *à qui Henriette verse rasade, ainsi qu'aux autres personnages.*

Au fils de Berry je veux boire :

De Henri c'est le rejeton;
Ton, tontaine, ton, ton.
Le vin fait perdre la mémoire,
Mais peut-on oublier Bourbon?
Ton, ton, tontaine, ton ton.

BERNARD.

C'est bien ça, M. le Sergent, je vous aime; n'y a qu'à votre camarade à qui j'en veux.

HENRI, *étonné.*

Pourquoi cela?

BERNARD.

Comment! il m'enlève ma maîtresse; celle sur qui je comptais! mais ça ne se passera pas ainsi.

LE MAGISTER, *avec surprise.*

Qu'est-ce que c'est, Monsieur?

LOUIS.

Que voulez-vous dire?

BERNARD, *d'un ton suffisant.*

Que vous avez en moi un rival redoutable.

LOUIS, *en lui frappant sur l'épaule, et lui serrant la main.*

Eh bien! disputons-la.

AIR: *Un magistrat irréprochable.*

Un Français défend une belle
Avec courage, avec ardeur.

Oui, c'est comme une citadelle
Que l'on confie à sa valeur.
Sachez donc qu'il ne capitule
Qu'en signant un traité de paix;
Car au combat loin qu'il recule,
Il meurt, mais ne tremble jamais.

HENRI, *secouant fortement Bernard.*

Croyez-moi, M. le fanfaron, cédez de bonne grâce, ne faites pas le crâne, et gardez votre courage pour combattre les ennemis de votre pays; cela vaudra mieux, je vous l'assure.

BERNARD, *se résignant.*

Moi! je n'aime que la paix, Messieurs.

LOUIS.

En ce cas, pourquoi me déclariez-vous la guerre?

BERNARD.

C'est que vous n'm'avez pas compris, en disant que ça ne se passerait pas ainsi; j'ai voulu dire que je serais au moins du repas de noce, puisque je n'épouse pas.

Tout le monde.

C'est juste, c'est juste.

(*On entend dans le lointain un pas redoublé qui annonce l'arrivée du détachement de service, commandé par le capitaine St.-Hilaire, pour l'embellissement de la fête.*)

HENRI *à Henriette.*

C'est le détachement que notre régiment envoie à la fête que nous allons célébrer en ce beau jour, et que nous avons devancé, Louis et moi, pour jouir plutôt du plaisir de vous offrir notre hommage, et de vous serrer dans nos bras. (*Il lui serre tendrement la main.*)

(*Marche guerrière.*)

SCÈNE V.

Les précédents, CHARLES SAINT-HILAIRE *arrivant à la tête de ses grenadiers, qui défilent majestueusement devant le buste du Roi, au pas ordinaire, et qui le saluent militairement, ainsi que le public; puis se rangent en bataille dans le fond du théâtre.*

SAINT-HILAIRE, *après avoir commandé le repos à sa troupe, embrasse Henriette, et serre la main du Magister.*

Je vous félicite, M. Bonnefoi, du goût et de la manière tout-à-fait ingénieuse que vous avez mise à orner cette élégante salle. (*Il contemple le salon.*)

LE MAGISTER.

C'est M. le Chevalier Guthmann, votre respectable oncle, et M.elle Caroline, votre aimable cousine et belle fiancée, qui doivent, Monsieur, recevoir vos justes félicitations. Je ne fais qu'exécuter le programme et le plan qu'ils ont arrêtés ensemble.

SAINT-HILAIRE.

Chère Caroline, je reconnais ton cœur et celui de ton digne père, aux preuves de votre amour pour les Bourbons.

LA VALEUR.

Mon Capitaine, permettez-vous de porter un bachique salut à leur intéressante perpétuité?

SAINT-HILAIRE.

Très-volontiers, mes braves amis, et je me joins à vous pour boire à la santé de notre bon Roi.

LOUIS.

Et à celle de S. A. R. Mgr. le duc de Bordeaux, et de son illustre et sensible mère, mon capitaine.

SAINT-HILAIRE.

Cela s'entend.

LE MAGISTER, *faisant servir à boire.*

Nous nous joignons aussi à vous, M. le Chevalier, si vous le voulez bien.

SAINT-HILAIRE.

Avec plaisir, Monsieur Bonnefoi. (*Ils trinquent tous et boivent.*)

HENRI, *avec ame après avoir bu.*

AIR : *Ça ne se peut pas.*

„ Vingt ans la discorde et la guerre
„ N'amenant que pleurs et regrets ;
„ Chacun désirait, je l'espère,
„ Les douces faveurs de la paix !
„ *Louis* calme notre souffrance,
« Tout son peuple le chérira,
« Il donne la paix à la France,
„ Et ça tiendra. (*bis.*)

SAINT-HILAIRE, *avec dignité.*

« Nous comptons plus d'un capitaine
« Que favorisa le dieu Mars :
« *Condé*, *Catinat et Turenne*,
« *Bayard*, *Luxembourg et Villars ;*
« Ces héros chers à la victoire,
« Jamais on ne les oubliera,
« Leurs neveux ont bonne mémoire,
« Et ça tiendra, oui, ça tiendra.

LOUIS, *avec enthousiasme.*

AIR : *Vive Henri IV et tous ses descendans.*

„ Las de combattre,
« Tous les Français en chœur
« Chantent Henri Quatre ;
„ Nous d'vons donc en honneur
« Chanter ce diable à quatre,
„ Puisqu'il fit notre bonheur !

LE MAGISTER, *après avoir fait distribuer par sa fille et* Bernard *du vin chaud et des gâteaux*

aux soldats et aux villageois. Dit avec chaleur :

« Vive la France !
« Et vivent les Bourbons !
« La Providence
« Bénit leurs rejetons,
« Et leur clémence
„ Eternise leurs noms !
(*Chœur général.*)

(*S'adressant aux futurs époux.*)

AIR : *Charmante Gabrielle.*

« Le Roi veut en bon père,
« Par de nouveaux bienfaits,
„ Donner un sort prospère
„ A ses braves sujets !
« Dieu, par son assistance,
« Comble ses vœux,
« Et sa reconnaissance
« Vous rend heureux !

HENRIETTE, *avec onction.*

„ Ciel, entends la prière,
„ Qu'ardemment je te fais,
„ Pour l'union salutaire,
« De tous les bons Français !
„ Et bénis la naissance
„ De ce héros,
« Proclamé par la France
„ Duc de Bordeaux !

SAINT-HILAIRE, *avec une noble sensiblité.*

« Fais que sa destinée,
„ Chère à tous les Français,

„ Soit toujours couronnée
« Par d'éclatans succès.
« Et que sa noble mére,
„ Dans ses leçons,
„ Lui rappelle son pére
« Et les Bourbons.

Louis, *avec une pieuse expression.*

„ Exauce ma prière,
„ Mes vœux et nos souhaits,
„ En fixant sur la terre
« L'abondance et la paix;
„ Sur la plus tendre mére
„ Répands tes dons,
„ Et double la carrière
„ De nos Bourbons!

Henri, *avec chaleur et abandon, en prenant la main de* Louis, *qu'il embrasse à la fin du couplet avec transport.*
(*Son exemple est imité par tous les acteurs.*)
(Tableau général.)
(*Le bruit du canon se fait entendre.*)

„ Amis, que la concorde,
„ Dans ce fortuné jour;
„ Eloigne la discorde
„ De ce riant séjour.
„ Que la plus douce ivresse
„ Et nos chansons,
„ Prouvent notre tendresse
„ Pour les Bourbons!

Bernard, *transporté de joie, s'écrie;*

Bravo, voilà ce qui s'appelle s'exprimer en bon

Français; mon parrain, mon parrain, voilà M. le Maire qui s'avance, plaçons-nous, la fête va commencer.

(*Ils se rangent tous des deux côtés du théâtre; le canon continue de se faire entendre et annonce l'arrivée du Maire et des deux autres fiancées. Marche nuptiale.*)

SCÈNE VI ET DERNIÈRE.

Les précédens, M. le Chevalier GUTHMANN *amenant sa fille* CAROLINE *et* LOUISE, *parées en mariées, salue avec dignité l'assemblée, le tambour bat au champ, et la troupe porte les armes.*

(*Le bruit du canon cesse.*)

M. le Chevalier GUTHMANN, *que tout le monde accueille et salue respectueusement, après avoir remis sa demoiselle au Capitaine* Saint-Hilaire, *et* Louise à Louis le Franc, *qui les reçoivent avec une vive sensibilité, s'adressant avec urbanité à tous ses administrés, qui l'écoutent silencieusement, il leur dit d'un ton noble et affectueux :*

(*Tableau et groupe général.*)

« Il est enfin arrivé cet heureux jour tant dé-
« siré par la France, et par vous tous, mes bons
« amis! l'allégresse doit être générale, et l'époque
« à jamais mémorable du baptême de notre
« nouvel *Henri-Dieudonné*, doit redoubler la

« joie de tous les Français, et la satisfaction de
« l'univers! Aussi ai-je choisi l'instant de cet au-
« guste évènement, pour assurer ton honheur et
« le mien, ma chère Caroline, en t'unissant à ton
« digne cousin, Charles Saint-Hilaire; Henriette,
« ta fidèle amie, va couronner l'ardeur de l'invin-
« cible Henri la Valeur, et la modeste et ver-
« tueuse Louise, déclarée Rosière du canton, em-
« bellira le sort du brave Louis le Franc. (*Avec*
« *véhémence*). Puisse le Ciel, en sanctifiant ce tri-
« ple hymen, le rendre pour toujours prospère et
« fortuné, en accordant à vos chers enfans, vos
« qualités, (*il regarde les trois époux*), et vos
« vertus (*il s'adresse aux trois épouses*); qu'ils
« héritent surtout de votre sincère attachement
« pour notre bon Roi, et son auguste et bien-
« faisante famille. (*Il les unit civilement.*)

CHŒUR GÉNÉRAL.

(*Ce chœur est chanté pendant la cérémonie nuptiale que le Maire consacre à la face du buste royal.*)

AIR: *Prenons d'abord l'air bien méchant.*

Jour fortuné, momens heureux,
Vous redoublez notre tendresse;
Et cet accord délicieux
Ajoute encore à notre / votre ivresse!
Tout promet un doux avenir:
Plus de chagrins ni d'alarmes;
Ce ne sera que le plaisir
Qui nous / vous fera verser des larmes.

CAROLINE, *quittant la main de* Charles, *s'élance dans les bras de son père.*

Ah! moment plein de charmes, j'ai peine à supporter l'excès de mon bonheur.

LOUISE, *quittant également la main de* Louis, *saisit celle du* Maire, *et lui dit avec une tendre et juste reconnaissance* :

Digne bienfaiteur et sage guide de mon enfance, vous m'arrachâtes à l'infortune, et je vous dois la double félicité dont je jouis dans ces doux instants.

LE MAIRE *embrasse* Louise *ainsi qu'*Henriette.

HENRIETTE, *à l'exemple de ses deux compagnes.*

Je n'oublierai jamais, M. le Chevalier, qu'en ce beau jour vous avez fixé notre union et embelli nos destins. (*En regardant* Henri *avec tendresse.*)

HENRI, *la serrant tendrement.*

Ni moi non plus.

Le Chevalier Guthmann, lui serre amicalement la main, ainsi qu'à Louis.

AIR : *Il faut des époux assortis.*

N'oubliez jamais vos sermens,
Couples intéressants et fidèles ;
Epoux, soyez toujours amans,
De constance offrez les modèles.

Votre bonheur sera certain,
Je vous en donne la promesse;
Vous joignez par ce doux lien.
La valeur à la gentillesse.

S'adressant au Magister.

M.r Bonnefoi, a-t-on, suivant les intentions de notre sensible et équitable Souverain, et l'ordre que je vous ai donné, fait participer tous les infortunés du village, à cette fête solennelle, les malades, et les prisonniers mêmes, dont plusieurs viennent d'obtenir leur liberté, doivent, dans cette grande journée, faire trève à leurs maux; que l'humanité et la secourable bienfaisance versent leurs dons salutaires sur tous les pauvres, et qu'il n'y aie désormais plus de malheureux en ce beau pays; car telle est la volonté et le désir de notre père bien-aimé, de sa royale famille, et du digne rejeton de Henri-le-Grand, qui voit dans son noble petit-fils un autre lui-même, né pour perpétuer la gloire et la puissance de la France, et digne de mériter, par les mêmes vertus, le même amour, qu'elle vient encore respectueusement de manifester par l'empressement général que ses loyaux enfans ont mis à offrir à ce prince chéri, pour augmenter son royal apanage, l'ancienne demeure de ses vaillans ancêtres (*), qui fut donnée par eux, pour prix de la victoire, à l'invincible maréchal de Saxe, l'un des plus fermes soutiens de l'honneur français.
(*Il se retourne et regarde avec intérêt le transparent.*)

(*) Le domaine de Chambord.

Le transparent allégorique commence à s'éclairer graduellement ; il occupe le fond du théâtre, et représente :

La France reconnaissante, recevant de son Roi S. A. R. Mgr. HENRI-CHARLES-FERDINAND-MARIE-DIEUDONNÉ D'ARTOIS, *duc de Bordeaux, comme gage sacré de sa prospérité, de son bonheur et de sa gloire, sous les yeux attendris de sa noble mère et de son auguste famille, qui semblent lui dire : „ Encore un Français de plus, donné „ par le Ciel pour réparer tes maux, que nous confions à tes „ soins généreux, à ton loyal amour pour tes Rois, et à „ ta courageuse valeur pour le maintien de ses droits et „ des tiens. "*

L'immortel Henri-le-Grand voit du haut du séjour céleste cette sainte et touchante scène, ordonnée par l'Eternel ; il sourit en voyant la félicité de sa famille, et de cette France, qu'il aima tant ; il la bénit, ainsi que son illustre petit-fils, et semble lui recommander de chérir son digne rejeton comme un autre lui-même, qu'il transmet à la fidélité et à la bravoure des Français. Des chiffres, des inscriptions et des devises doivent orner et embellir ce tableau de famille.

L'orchestre doit exécuter, par intervalles, les airs chers à la France et aux Bourbons.

LE MAGISTER.

J'ai suivi très-exactement et de grand cœur vos instructions, M.r le Maire : et des distributions abondantes de vivres, de bon vin, et des secours pécunaires, désignés pour les indigents, les malades et les prisonniers, viennent de leur être très-fidèlement partagés ; ils vous en remercient, et vous bénissent, ainsi que notre bon Roi et tous les Bourbons.

Le Chevalier GUTHMANN.

Fort-bien. C'est en allégeant les peines des Français malheureux et souffrants, que nous devions ouvrir cette fête générale.

LE MAGISTER.

Toutes vos intentions, M.r le Maire, ont été remplies, et ce buste, justement couronné par les mains de la reconnaissance, est un témoignage certain de notre pur attachement pour notre bien-aimé souverain.

Le Chevalier GUTHMANN, *en examinant le buste.*

AIR *de Julie.*

Honneur au Phidias moderne,
Qui sut nous rendre tous les traits
De ce Prince qui ne gouverne
Que pour le bonheur des Français.
A nos yeux cet artiste brille
De l'éclat le plus séduisant;
Ce buste, grâce à son talent,
Devient un portrait de famille.

(*S'adressant à tous.*)

Allons, mes enfants, livrez-vous sans réserve à toute votre allégresse, et témoignez, par vos jeux, vos danses et vos chansons, l'excès de votre joie et de notre commun ravissement.

LE MAGISTER.

Oui, mes amis; de la gaîté; il y a longtemps

que nous étions brouillés avec elle; racommodons-nous, et qu'elle ne nous quitte plus désormais.

RONDE GÉNÉRALE. (*On chante, on danse tour-à-tour.*)

On entonne la ronde en chœur, en dansant à tous les refrains.

AIR *de la Garde nationale.*

Chagrins, battez en retraite,
Plaisirs, marchez en avant;
Momus, en ce jour de fête,
Nous mène tous tambour battant.

Le Chevalier GUTHMANN.

Citadins et militaires,
Vieillards et jeunes garçons,
Font des vœux et des prières
Pour la France et les Bourbons.

CHŒUR GÉNÉRAL.

Chagrins, battez en retraite, etc.

LOUIS.

Le soldat à sa bergère
Promet un constant amour;
Mais il la quitte, ma chère,
Au premier coup de tambour.

CHŒUR GÉNÉRAL.

Chagrins, battez en retraite, etc.

LE MAGISTER.

Je me sens des plus ingambes,
Amis, savez-vous pourquoi?
C'est que mon cœur et mes jambes
En ce jour sont à mon Roi.

CHŒUR GÉNÉRAL.

Chagrins, battez en retraite, etc.

LOUISE.

L'espoir naît dans les familles;
Les garçons n's'ront plus garçons,
Les filles n'rest'ront plus filles,
Et tout ça grâce aux Bourbons.

CHŒUR JOYEUX.

Chagrins, battez en retraite, etc.

SAINT-HILAIRE.

En ce jour, mon hyménée
Tourne au profit de Louis;
Car je prétends chaque année,
Lui faire un sujet soumis.

CHŒUR *final de la ronde*.

Chagrins, battez en retraite, etc.

Pendant et après la ronde, on distribue des rafraîchissemens à tous les personnages, qui vont successivement au buffet, en ayant soin de démasquer le transparent et le buste du Roi.

Tous s'abandonnent à l'élan de la joie, en démontrant le plaisir qu'ils éprouvent en ce récréatif moment.

BERNARD, *en train.*

Il faut donc malgré moi me résigner à rester encore garçon. (*Il boit un verre de vin.*)

Le Chevalier GUTHMANN, *avec bonté.*

Console-toi, mon ami, tu auras aussi ton tour l'année prochaine, et je me charge de te trouver une compagne.

BERNARD, *satisfait.*

Grand-merci, M. le Chevalier; on voit bien que vous êtes père et maire de tous les habitans du village.

LOUIS, *reconnaissance.*

Et protecteur du courage et de la vertu!

SAINT-HILAIRE.

Oui, mon père, cet hommage vous est dû, et nos francs Alsaciens, justes appréciateurs du vrai mérite, ne le désavoueront pas. (*s'adressans à sa troupe.*) Et vous, jeunes soldats, jurez au nom de l'honneur et du courage qui vous animent, une éternelle fidélité à notre bon Roi, à son auguste famille, ainsi qu'au digne rejeton du Grand et immortel Henri.

Les soldats jurent de défendre les Bourbons, et de les servir fidèlement jusqu'à la mort; le peuple prête le même serment à la face du buste, et en regardant le transparent aux cris de vive le Roi! et vivent les Bourbons!

Roulement de tambours et fanfares.

GRAND TABLEAU.

Vaudeville final.

Air : *Je suis le petit tambour.*

Chœur général;

Suivons l'exemple éclatant
Observé dans le militaire ;
Dans notre ardeur guerrière
Menons tout tambour battant.

Henri, *en gaîté.*

Le cœur de jeune bergère
Est un rempart imposant ;
Pour le prendre d'assaut, compére,
Faut être vif, entreprenant.
Et r'lan, patapan, pan, pan,
(*Le tambour bat.*)
On fait brêche d'la bonne manière,
Et r'lan, patapan, pan, pan,
(*Le tambour bat.*)
Dans la place on entre triomphant.

Chœur général.

Suivons l'exemple éclatant, etc.
(*Pendant le chœur le tambour bat.*

Henriette, *avec malice.*

Chaîne d'hymen est légére
Quend on s'aime tendrement;
Mais, hélas! c'est tout le contraire,
Quant l'époux devient inconstant;
Et r'lan, patapan, pan, pan.
(*Le tambour bat.*)
C'est alors que la ménagère,
Et r'lan, patapan, pan, pan,
(*Le tambour bat.*)
Peut lui donner un remplaçant.

CHŒUR GÉNÉRAL.

Suivons l'exemple éclatant, etc.

SAINT-HILAIRE, *avec feu.*

Amis! arborons la bannière
Du lys, l'emblême éclatant;
Ce doux accord devra faire
Le vrai supplice du méchant.
Et r'lan, patapan, pan, pan,
(*Henri et Louis répètent ensemble.*)
Ennemis du trône en arrière,
Et r'lan, patapan, pan, pan,
(*Henri et Louis, oe même.*)
Soutiens de Louis en avant!

CHŒUR GÉNÉRAL.

Suivons l'exemple éclatant, etc.

LOUIS.

N'ayons aucune chimère,
Prenons le temps comme il vient,
Et noyons dans notre verre
Nos regrets et nos chagrins.
Et r'lan, patapan, pan, pan,
(*Le tambour bat.*)
Surenne et piquette en arrière,
Et r'lan, patapan, pan, pan,
(*Le tambour bat.*)
Bourgogne et Champagne en avant.

CHŒUR GÉNÉRAL.

Suivons l'exemple éclatant; etc.

LOUISE *au public, avec décence.*

Vous amuser et vous plaire
Est notre but innocent:

Que les bravos du parterre
Prouvent que chacun est content.
Et r'lan, patapan, pan, pan,
(*Le tambour bat.*)
Mettez la critique en arrière,
Et r'lan, patapan, pan, pan,
(*Le tambour bat.*)
Placez l'indulgence en avant.

CHŒUR GÉNÉRAL ET FINAL.

Suivons l'exemple éclatant
Observé dans le militaire;
Dans notre ardeur guerrière
Menons tout tambour battant.

Roulement de tambours et fanfarés finaux qui annoncent la fin de la pièce; tous se groupent et forment un tableau général et intéressant d'un dénouement sentimental, aux cris unanimes de vive le Roi long-temps! et les Bourbons toujours!

LA TOILE TOMBE.

FIN.

A COLMAR, chez J. H. DECKER, Imprimeur du Roi.
1821.

www.ingramcontent.com/pod-product-compliance
Ingram Content Group UK Ltd.
Pitfield, Milton Keynes, MK11 3LW, UK
UKHW022138260726
13993UKWH00005B/2011

9 782329 151540